Brian Gagg

Das Corona Wortesuchrätselbuch
Fakten über Corona & Co

Inhaltsangabe	Seite

Bibliografische Information der Deutschen Nationalbibliothek:
Die Deutsche Nationalbibliothek verzeichnet diese Publikation in der Deutschen Nationalbibliografie; detaillierte bibliografische Daten sind im Internet über http://dnb.dnb.de abrufbar.

© 2020 Brian Gagg; 1. Auflage
Herstellung und Verlag: BoD – Books on Demand, Norderstedt
ISBN: 9783750488038

Einleitung

Auf den folgenden Seiten finden sich 18 thematisch sortierte Wortesuchrätsel.

Um ein Wortesuchrätsel zu lösen, müssen alle oberhalb des Rätsels aufgelisteten Worte in der Buchstabenmatrix gefunden werden. Ist ein Wort gefunden, sollte es mit einem Stift umkreist und das gefundene Wort aus der Liste gestrichen werden. Sind alle Worte aus der Liste gefunden, ist das Rätsel gelöst. Bei Schwierigkeiten ein Rätsel zu lösen, kann die Lösung ab Seite 39 nachgeschaut werden. Die zu findenden Worte sind jeweils als ganzes (d.h. immer nur in einer Richtung und ungebrochen) in der Matrix nach folgenden Regeln versteckt:

- Suchworte können sich überlagern, d.h. ein Buchstabe kann von mehreren Suchworten genutzt sein.

- Worte können vorwärts, rückwärts, horizontal, vertikal oder diagonal in der Matrix versteckt sein.

- Suchworte stehen für sich alleine.

ÜBERTRAGUNGSWEGE

NIESEN
HAENDESCHUETTELN
HUSTEN
KUESSEN
GELDSCHEINE

MUENZEN
TUERKLINKEN
KLOSCHUESSEL
TROEPFCHEN
INSEKTEN

S	Q	C	I	H	V	G	G	Z	Y	H	P	C	R	E	I
J	U	M	H	Q	A	B	E	P	Y	C	B	Y	L	Q	M
G	H	E	Q	Q	Z	B	L	O	X	N	P	F	P	F	T
N	Z	D	Q	V	Y	X	D	E	A	U	E	N	W	J	H
B	E	Y	D	T	R	H	S	R	B	W	O	S	Q	U	X
U	N	S	P	G	R	J	C	U	G	S	V	T	E	A	T
N	Q	E	S	N	K	O	H	W	X	B	L	W	X	I	G
B	E	S	Z	E	T	U	E	R	K	L	I	N	K	E	N
P	I	T	H	N	U	Q	I	P	L	C	A	N	I	D	T
T	Z	I	S	U	E	K	N	F	F	J	O	I	C	C	V
Z	T	J	M	U	Z	U	E	C	N	C	H	D	N	O	H
N	W	M	X	C	H	X	M	A	X	B	H	V	Q	D	F
L	E	S	S	E	U	H	C	S	O	L	K	E	H	R	Q
U	T	Q	P	N	W	N	B	P	M	P	E	J	N	M	P
Z	F	J	R	N	E	T	K	E	S	N	I	G	A	I	N
H	A	E	N	D	E	S	C	H	U	E	T	T	E	L	N

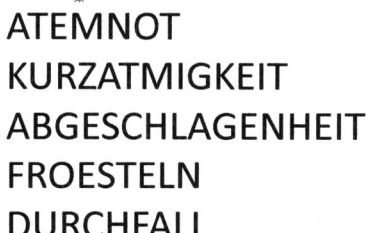

SYMPTOME

HUSTEN

FIEBER

KOPFSCHMERZEN

HALSSCHMERZEN

ENTZUENDUNG

ATEMNOT

KURZATMIGKEIT

ABGESCHLAGENHEIT

FROESTELN

DURCHFALL

N	E	W	X	T	G	Y	U	E	L	H	G	S	E	D	A
N	S	S	M	T	A	R	R	X	L	S	N	T	M	G	B
A	E	N	P	V	M	H	O	D	A	N	U	E	P	V	G
F	F	Z	E	I	T	B	F	R	F	N	D	R	I	S	E
I	B	Z	R	Z	U	O	O	E	H	E	N	E	Q	M	S
L	H	J	N	E	R	A	H	L	C	T	E	B	Y	Z	C
A	E	A	S	S	M	E	W	X	R	S	U	E	L	Q	H
I	G	H	A	X	K	H	M	J	U	U	Z	I	N	E	L
P	B	N	E	K	A	E	C	H	D	H	T	F	L	T	A
L	O	G	S	N	T	U	Z	S	C	D	N	J	E	H	G
R	S	Z	H	D	E	F	Q	L	S	S	E	E	T	E	E
F	V	J	V	U	M	E	D	M	K	L	F	E	S	A	N
O	J	S	L	Z	N	O	Z	I	R	W	A	P	E	G	H
C	F	G	M	Z	O	B	Y	N	Y	M	K	H	O	Y	E
G	M	Q	E	T	T	B	A	I	D	U	V	I	R	K	I
T	I	E	K	G	I	M	T	A	Z	R	U	K	F	Y	T

AUSBREITUNGSFORMEN

ENDEMIE

STADT

REGION

LAND

WELTWEIT

EPIDEMIE

PANDEMIE

FAMILIE

BETRIEB

REISEGRUPPE

G	V	G	Q	A	J	O	S	D	Z	Q	Q	O	X	Q	Z
L	A	N	D	Z	N	Y	Y	W	D	P	N	E	P	I	L
H	B	E	O	D	L	O	Y	F	E	L	C	S	P	B	T
O	O	I	E	S	J	M	I	T	F	M	F	B	E	W	D
Y	B	M	R	J	Y	E	R	G	D	S	A	E	N	U	A
F	S	E	F	Y	G	N	E	J	E	Y	M	T	D	K	T
P	Y	D	V	F	L	J	I	T	L	R	I	R	E	F	S
R	Z	N	A	P	G	H	S	N	G	Q	L	I	M	M	R
P	K	A	E	P	I	D	E	M	I	E	I	E	I	J	V
A	C	P	Y	F	B	K	G	K	F	X	E	B	E	D	X
P	Y	N	Z	G	C	X	R	N	Q	P	W	R	M	X	J
M	D	M	I	S	G	Y	U	T	V	C	L	D	I	H	Q
Z	D	Y	Q	F	X	R	P	Q	U	P	U	R	V	E	N
U	R	Q	M	R	N	P	P	U	M	U	N	G	N	X	T
T	T	I	G	R	U	M	E	F	H	O	C	L	U	V	T
Y	W	J	F	L	G	A	T	I	E	W	T	L	E	W	T

THERAPIE

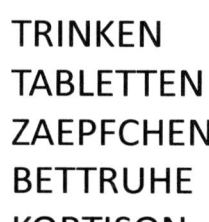

BEATMUNG
ANTIENTZUENDUNG
ANTIVIRAL
TEST
DIAGNOSE

TRINKEN
TABLETTEN
ZAEPFCHEN
BETTRUHE
KORTISON

A	N	T	I	E	N	T	Z	U	E	N	D	U	N	G	A
W	E	R	O	S	H	S	S	E	D	G	R	K	F	M	N
X	L	H	K	X	B	Y	Q	E	T	G	A	E	C	J	T
P	T	B	E	T	T	R	U	H	E	K	V	U	I	P	I
F	S	K	J	C	L	D	F	W	M	Q	R	V	D	D	V
M	E	R	Y	G	B	E	A	T	M	U	N	G	Q	F	I
G	T	M	Y	B	J	F	A	X	R	P	K	G	Q	I	R
Q	Z	I	B	Z	K	A	R	X	X	A	A	Y	G	Z	A
V	F	X	J	J	S	D	N	O	X	G	K	L	B	I	L
T	R	I	N	K	E	N	R	K	O	R	T	I	S	O	N
I	L	R	Z	D	N	D	E	D	I	A	G	N	O	S	E
Q	P	N	N	U	R	G	S	Q	K	H	Z	P	Y	N	Q
B	N	E	T	T	E	L	B	A	T	Z	J	B	O	K	H
L	U	V	W	E	S	P	O	B	I	V	D	A	H	K	H
P	O	E	C	O	M	C	P	P	V	O	T	W	M	U	S
T	G	L	W	Y	N	E	H	C	F	P	E	A	Z	Q	D

PRÄVENTION

HAENDEWASCHEN
HAENDESCHUETTELN
DISTANZHALTEN
OPMASKEN

VIRUZID
DESINFEKTION
ARMBEUGE
QUARANTAENE

```
D  N  E  H  C  S  A  W  E  D  N  E  A  H  N  I
E  X  E  V  E  N  E  A  T  N  A  R  A  U  Q  C
S  U  W  J  I  K  Y  L  L  G  B  X  W  Y  B  G
I  E  G  U  N  R  T  V  G  A  F  P  V  G  K  M
N  E  T  L  A  H  Z  N  A  T  S  I  D  V  D  X
F  X  R  P  M  U  D  Y  P  R  L  W  U  T  I  D
E  W  V  O  Z  E  L  E  G  U  E  B  M  R  A  B
K  P  H  E  C  N  L  B  L  A  B  Z  I  F  Z  X
T  G  I  E  C  F  T  L  T  G  C  F  E  B  Z  P
I  V  R  B  T  O  V  H  N  M  M  I  F  K  S  E
O  T  U  K  J  N  C  N  E  K  S  A  M  P  O  B
N  F  N  E  M  O  D  I  Z  U  R  I  V  S  F  U
H  A  E  N  D  E  S  C  H  U  E  T  T  E  L  N
H  R  L  N  L  E  Y  I  B  S  M  F  E  X  W  H
T  P  E  Z  O  R  P  M  F  G  A  T  Q  O  V  A
X  W  L  N  Q  U  I  J  U  X  P  D  E  N  C  N
```

VIRENNAMEN 1

EBOLA

CORONA

HEPATITIS

ZYTOMEGALIE

HERPES

MASERN

ROETELN

HIV

F	K	M	H	N	B	D	Z	D	H	D	V	N	W	N	G
Q	H	P	P	W	V	D	C	K	A	E	H	L	Q	P	L
E	R	W	M	A	L	O	B	E	N	M	R	Z	H	I	V
C	H	E	P	A	T	I	T	I	S	A	F	P	X	F	D
G	L	T	V	S	P	O	P	W	B	S	L	N	E	C	W
I	U	A	F	T	Q	D	S	D	L	E	G	T	I	S	H
P	Y	O	R	N	E	H	A	N	Q	R	I	H	O	S	X
E	J	X	K	X	R	Z	K	D	Q	N	L	L	D	Z	I
G	N	J	Q	E	O	I	K	R	O	E	T	E	L	N	O
Z	M	X	I	Q	A	P	V	X	Y	X	I	E	S	R	Z
U	D	K	C	Q	E	I	L	A	G	E	M	O	T	Y	Z
B	G	R	T	U	O	J	H	A	I	V	D	J	S	F	S
E	R	A	M	I	A	M	F	Y	X	P	V	L	Y	I	L
S	H	R	R	Z	Q	G	O	P	Y	Q	R	V	F	W	P
P	X	J	O	O	L	D	S	J	G	X	S	S	J	A	O
W	S	U	O	F	O	P	Z	M	J	C	O	R	O	N	A

VIRENNAMEN 2

PAPILLOM
TOLLWUT
LASSA
HANTA

POLIO
FSME
RSSE
GELBFIEBER

I	S	K	S	H	C	G	E	L	B	F	I	E	B	E	R
L	U	J	M	M	C	U	M	J	A	Y	W	E	T	T	D
D	Z	X	I	H	L	D	H	R	S	K	L	S	W	G	N
M	Z	J	W	K	K	S	N	V	Z	W	G	S	C	N	U
O	M	C	Q	E	L	J	O	K	T	Q	H	R	V	K	N
L	Z	Z	L	E	F	E	M	S	F	L	A	S	S	A	C
L	T	O	L	L	W	U	T	R	G	G	J	P	F	R	P
I	F	T	M	Y	M	P	E	C	T	B	Y	K	V	M	P
P	V	T	W	V	L	T	I	S	I	I	H	A	C	O	W
A	H	K	E	B	A	G	L	B	W	F	U	E	K	Z	E
P	S	C	R	B	L	U	G	G	X	K	A	S	T	Z	H
B	H	U	S	V	M	Y	H	M	Z	O	Q	E	B	Q	G
W	J	E	R	H	J	K	S	L	I	N	N	M	B	Q	V
T	H	R	J	J	U	D	F	L	H	H	O	U	W	A	R
G	H	F	S	G	E	E	O	G	N	R	U	U	I	H	U
N	N	P	Z	V	I	P	E	S	B	H	A	N	T	A	P

VIRENNAMEN 3

ROTAVIRUS

DENGUEFIEBER

WESTNILFIEBER

INFLUENZA

MUMPS

WINDPOCKEN

SARS

RHINOVIRUS

I	V	P	G	Q	I	C	E	Q	O	H	U	C	N	Z	D
K	Q	S	G	U	S	T	U	U	S	Z	J	C	E	G	Z
S	U	R	I	V	A	T	O	R	U	T	S	T	K	N	U
X	P	T	I	L	L	L	I	C	R	C	U	W	C	J	S
V	M	M	F	P	Y	D	M	T	I	D	G	E	O	R	H
D	L	A	J	Q	S	A	N	L	V	S	G	S	P	K	M
J	U	A	Q	S	F	W	Z	G	O	E	C	T	D	J	J
R	E	B	E	I	F	E	U	G	N	E	D	N	N	Q	Q
Y	M	G	X	H	Z	D	F	K	I	P	T	I	I	B	C
L	Y	K	J	B	O	E	L	N	H	U	S	L	W	U	P
V	N	B	S	F	S	N	P	D	R	Z	P	F	N	Z	D
M	Y	T	V	R	A	G	I	J	C	L	M	I	M	B	U
M	I	Z	A	X	X	I	R	L	Q	M	U	E	O	S	D
K	K	S	N	W	P	M	A	M	V	O	M	B	O	W	H
A	Z	N	E	U	L	F	N	I	T	K	F	E	M	U	H
B	Y	Y	S	R	V	O	M	C	C	X	O	R	H	G	E

IMMUNSYSTEM 1

EPITOP

GEDAECHNISZELLEN

BZELLEN

AUTOIMMUN

ANTIKOERPER

IMMUNDEFEKT

INFEKTION

LEUKOZYTEN

M	Q	L	Y	Q	E	N	U	C	L	E	G	H	O	M	A
R	G	Y	R	G	O	N	O	I	T	K	E	F	N	I	X
E	E	H	F	E	Y	B	K	S	D	Z	B	X	H	R	N
A	U	P	L	L	T	K	E	F	E	D	N	U	M	M	I
K	H	V	R	E	P	I	T	O	P	K	K	X	R	A	S
D	P	I	Y	E	P	K	X	M	M	F	X	S	Y	U	Z
N	E	T	Y	Z	O	K	U	E	L	H	U	W	H	N	O
S	L	V	Z	U	B	K	A	U	T	O	I	M	M	U	N
W	B	K	D	X	W	Y	I	Y	R	S	D	H	W	G	U
K	A	P	F	T	E	A	H	T	V	Q	G	T	C	H	B
N	L	S	D	K	W	V	X	P	N	O	L	H	I	Z	S
Z	W	R	S	T	W	N	A	E	P	A	E	M	E	U	S
G	E	D	A	E	C	H	N	I	S	Z	E	L	L	E	N
A	S	B	O	Q	S	K	E	K	C	K	L	V	H	F	U
I	E	W	I	T	D	L	C	M	I	E	X	W	Z	J	L
N	Q	Z	Y	W	V	E	J	P	N	H	Z	E	V	F	Z

IMMUNSYSTEM 2

LYMPHOZYTEN
MAKROPHAGEN
MONOKLONAL
MULTIRESISTENT

PATHOGENE
KILLERZELLEN
PHAGOZYTEN
PLASMAZELLEN

K	F	T	O	W	N	C	Z	L	X	E	A	J	C	P	D
N	T	C	O	Q	E	M	L	A	H	J	R	J	G	O	E
F	T	H	J	J	G	Y	X	N	X	O	Q	U	J	X	I
X	I	N	O	F	A	G	Z	O	N	V	M	B	Q	W	C
L	P	Q	P	Y	H	Z	Q	L	Q	S	U	F	E	X	K
H	B	L	J	N	P	U	R	K	H	T	S	V	D	L	C
H	F	M	R	N	O	B	N	O	X	L	F	Q	H	Y	R
K	L	O	F	A	R	T	R	N	X	E	O	J	H	M	E
E	D	W	W	C	K	H	C	O	J	W	P	J	S	P	C
S	K	P	P	B	A	E	P	M	Y	C	G	K	U	H	X
W	P	L	A	S	M	A	Z	E	L	L	E	N	M	O	A
M	U	L	T	I	R	E	S	I	S	T	E	N	T	Z	H
N	N	E	L	L	E	Z	R	E	L	L	I	K	L	Y	H
L	P	A	T	H	O	G	E	N	E	I	N	A	V	T	H
I	H	N	E	T	Y	Z	O	G	A	H	P	M	O	E	X
Z	K	G	C	M	A	W	E	G	M	D	C	W	B	N	H

IMMUNSYSTEM 3

POLYMERASE
PROTEIN
PRIMAERINFEKTION
REZEPTOR

PROTEOM
TZELLEN
ZOONOSE
ZYTOKINE

W	V	I	Z	I	M	Q	T	R	U	R	B	P	E	P	N
P	E	Q	C	B	N	A	K	R	J	Z	V	E	I	Q	S
A	V	S	K	S	G	V	G	E	F	Z	E	E	E	Q	X
J	J	D	A	N	C	R	U	J	J	J	I	J	F	E	E
L	K	N	H	R	V	T	U	O	I	E	Z	L	N	H	A
M	O	F	I	Y	E	Y	Z	Q	V	O	Q	I	F	D	S
V	D	O	S	E	N	M	K	E	O	X	K	R	Z	Y	M
M	S	K	X	N	T	Y	Y	N	L	O	Y	D	W	K	C
O	S	J	R	A	N	O	O	L	T	L	C	L	C	H	W
E	W	B	A	Y	J	S	R	Y	O	H	E	U	D	H	W
T	W	J	W	U	E	E	Z	P	A	P	J	N	S	E	D
O	W	W	U	R	K	C	L	T	X	N	T	Z	F	R	F
R	O	P	K	N	K	F	H	P	F	O	F	F	V	L	B
P	R	I	M	A	E	R	I	N	F	E	K	T	I	O	N
K	R	C	D	R	E	Z	E	P	T	O	R	W	L	B	T
F	T	C	L	T	S	A	Z	N	M	O	U	L	M	O	Y

IMMUNSYSTEM 4

IMMUNABWEHR	SCHUTZ
IMMUNSUPPRESSION	INVIVO
IMPFSTOFF	INZIDENZ
INTERFERONE	INVASION

U	N	N	O	E	F	U	W	J	M	B	B	O	M	E	Y
W	O	P	J	U	A	P	T	P	X	N	F	E	P	O	S
O	I	E	N	O	R	E	F	R	E	T	N	I	C	N	H
W	S	D	P	Y	X	W	V	B	F	V	I	A	I	C	W
G	S	X	I	F	Y	M	W	J	L	E	T	P	V	Y	A
I	E	U	N	Z	I	M	M	U	N	A	B	W	E	H	R
I	R	V	B	O	F	U	D	I	X	Q	Y	E	W	Z	K
M	P	P	T	Y	I	K	O	X	L	W	O	U	U	N	V
P	P	R	E	U	A	S	T	Z	F	X	D	M	Q	E	N
F	U	F	O	J	X	P	A	N	Q	G	G	D	L	D	A
S	S	Z	N	G	J	V	Y	V	L	K	O	H	D	I	F
T	N	T	R	A	P	M	O	W	N	V	H	O	V	Z	X
O	U	U	T	B	Q	R	W	E	I	I	S	W	K	N	H
F	M	H	P	E	P	D	E	V	M	S	R	M	I	I	R
F	M	C	D	V	L	E	N	E	H	X	O	U	L	Y	X
Z	I	S	Z	X	Z	I	J	M	B	B	Y	C	O	Y	H

VIRUSAUFBAU

RNA
PROTEINHUELLE
KAPSID
NUKLEINSAEURE

LIPIDHUELLE
GLYKOPROTEIN
HELIKAL
DNA

B	Y	X	C	C	X	R	K	D	Z	A	E	X	O	X	H
N	N	L	S	D	Z	O	K	K	Q	N	B	B	H	F	A
U	O	L	K	P	X	R	Z	S	Z	D	O	I	B	N	V
K	R	Q	N	C	D	X	X	N	M	T	G	E	R	M	V
L	W	Y	J	K	C	I	Y	F	P	Y	K	V	I	N	H
E	M	I	W	B	M	C	S	I	L	S	W	P	F	T	I
I	J	N	Y	D	R	H	J	P	E	L	N	J	R	Q	M
N	A	E	X	E	D	Z	K	C	A	N	I	W	F	R	E
S	S	O	S	X	S	F	T	T	X	K	N	M	A	B	Y
A	E	L	L	E	U	H	D	I	P	I	L	Y	F	Q	V
E	F	E	L	L	E	U	H	N	I	E	T	O	R	P	O
U	Q	A	I	Z	N	A	H	E	L	I	K	A	L	Z	L
R	R	D	F	O	L	I	L	Z	J	J	J	T	M	D	M
E	B	R	J	F	I	H	S	I	U	P	P	B	B	J	B
N	I	E	T	O	R	P	O	K	Y	L	G	B	C	Q	G
R	E	V	Q	D	P	Z	P	D	L	I	W	E	F	A	W

KÖRPERABWEHRAREALE

HAUT
KNOCHENMARK
MILZ
THYMUS
NASE

MANDELN
LYMPHKNOTEN
DARM
RACHEN
SCHLEIMHAUT

C	L	Y	L	R	G	Q	W	D	V	W	H	C	O	M	C
S	U	M	Y	H	T	F	W	H	U	Q	B	S	D	A	B
Y	G	R	B	K	K	J	E	R	R	O	C	S	T	N	Z
S	S	R	D	W	T	M	R	A	D	F	L	U	S	D	K
Y	V	G	Z	B	E	Q	N	Q	Z	A	B	G	U	E	R
G	D	X	Z	L	P	I	G	Q	Z	R	H	K	T	L	A
Y	Y	M	S	R	Y	H	T	W	F	B	W	V	A	N	M
W	E	S	A	N	M	M	W	Z	S	K	P	U	P	I	N
K	F	C	X	J	C	P	P	K	N	E	I	U	K	M	E
S	S	C	H	L	E	I	M	H	A	U	T	G	T	C	H
O	M	X	L	P	B	Z	L	B	K	H	G	A	U	Y	C
R	W	E	N	P	F	L	R	O	E	N	J	W	A	T	O
W	B	V	R	O	Z	I	T	R	E	C	O	N	H	Q	N
R	A	C	H	E	N	M	S	I	V	W	L	T	F	V	K
E	H	I	C	N	M	W	W	X	W	M	C	R	E	J	J
O	T	P	U	I	H	G	E	R	W	C	L	P	O	N	O

KRANKENHAUS

VERDACHT	INKUBATIONSZEIT
KRANK	INFIZIERT
LUNGE	KRANKENHAUS
DIAGNOSE	ARZT
ABSTRICH	UNTERSUCHUNG

```
Q K V S R U H E R F Q O F V R L
Q R Q D T W P L Y G R D J T Z I
Q L T S W S J F K D R C Y I U N
J Y U X E Z V M A N C U X E N E
C Y Y N V Z O T U N A N U Z T S
K Z E N G T M L V W D R K S E O
R X V E M E Q H V U C Y K N R N
A C G E V O C K D R K Q W O S G
N E J K R I D S K R B J G I U A
K G N M R D C K Z S N V A T C I
E S R T Y D A U F V Q K R A H D
N E S Z Y Q U C A U D B Z B U L
H B J W U V O S H F H E T U N O
A V K I O N K S L T I K C K G S
U W E M Y V T R E I Z I F N I V
S A D C V S C H M Z R H R I Y D
```

SONSTIGES 1

EPIDEMIOLOGIE
RETROVIREN
RNA
RKI

SCHLUCKIMPFUNG
SEROLOGIE
SEQUENZIERUNG
TRANSDUKTION

R	E	T	R	O	V	I	R	E	N	F	O	V	C	E	F
E	P	M	A	N	R	K	I	M	M	Z	V	E	M	L	S
I	P	Y	N	N	A	C	K	K	G	C	T	Q	S	C	Q
G	P	G	P	Y	I	F	Q	Q	S	V	N	G	H	X	E
O	H	T	H	M	W	L	P	M	E	R	P	L	O	K	U
L	E	E	E	V	L	R	H	U	C	T	U	V	G	X	W
O	U	K	H	W	C	G	N	N	Q	C	K	P	J	N	I
I	K	X	L	S	G	Y	M	Y	K	J	V	G	J	I	T
M	S	E	Q	U	E	N	Z	I	E	R	U	N	G	P	F
E	P	U	K	R	N	V	M	B	S	X	R	U	I	E	Z
D	M	N	Q	J	S	P	C	J	B	R	S	K	L	E	J
I	V	S	D	X	F	Q	S	E	R	O	L	O	G	I	E
P	Z	G	M	U	D	K	A	D	A	Z	D	Y	T	H	O
E	G	F	N	C	E	B	U	L	B	X	O	L	T	F	W
D	G	G	T	R	A	N	S	D	U	K	T	I	O	N	B
P	S	B	X	N	A	P	U	L	Q	E	O	B	Z	S	U

SONSTIGES 2

STERIL
STIKO
IMMUNOLOGIE
VIREN

VIRULENZ
VAKZINATION
TRANSLATION
FALLRATE

N	E	H	X	W	F	P	X	P	X	I	Y	W	D	U	F
O	I	I	A	N	J	D	E	H	W	M	E	G	V	L	O
I	S	R	G	S	B	J	D	I	U	Q	N	V	Z	X	U
T	G	T	H	O	T	P	U	A	K	J	I	F	I	T	B
A	E	G	B	L	L	W	S	N	K	R	M	Z	S	R	Z
N	D	T	J	O	N	O	D	F	U	T	S	X	Q	A	A
I	J	T	A	R	E	A	N	L	O	G	K	C	Y	N	T
Z	R	B	J	R	S	Z	E	U	Z	F	F	R	R	S	B
K	Q	S	R	I	L	N	B	T	M	V	W	E	U	L	S
A	C	C	H	J	Z	L	O	O	I	M	O	A	P	A	T
V	S	T	E	R	I	L	A	R	K	L	I	W	P	T	C
J	J	H	A	M	V	X	E	F	X	I	D	C	Z	I	D
P	W	X	E	F	S	N	X	W	K	X	T	V	M	O	V
C	X	J	B	S	H	D	S	R	D	W	C	S	I	N	R
J	T	E	H	H	V	D	D	U	B	K	P	W	L	O	Y
U	B	T	V	L	A	B	V	Z	Q	E	R	Z	T	A	X

SONSTIGES 3

WHO
ZELLKULTUR
HYSTERIE
VERBREITUNG

KONTAKTANGST
ANSTECKUNG
INFEKTIONSRATE
MIKROSKOP

C	U	Y	I	W	N	B	J	E	I	N	W	W	P	V	Y
N	V	Y	N	W	J	J	S	E	X	R	D	O	K	Q	C
H	E	L	F	H	E	N	M	K	D	W	K	B	V	P	S
G	R	Y	E	O	C	T	T	K	N	S	R	E	G	W	U
U	B	G	K	F	I	D	P	Q	O	K	G	X	I	A	A
Q	R	P	T	L	B	M	J	R	E	O	O	V	S	Y	N
L	E	T	I	E	M	H	K	V	C	R	Q	R	D	K	M
P	I	W	O	O	Q	I	J	A	E	Y	I	C	P	Z	K
Y	T	D	N	S	M	G	N	U	K	C	E	T	S	N	A
Y	U	R	S	G	F	Q	N	H	P	Z	U	T	S	N	D
L	N	L	R	U	T	L	U	K	L	L	E	Z	V	U	N
G	G	P	A	S	N	W	S	J	P	L	A	U	I	A	M
H	K	U	T	S	G	N	A	T	K	A	T	N	O	K	V
T	C	I	E	Y	S	I	Y	G	S	Q	C	J	V	F	Y
D	T	M	K	V	U	D	I	D	G	G	L	V	M	Q	R
E	Y	E	I	R	E	T	S	Y	H	Y	L	U	M	E	R

Lösungen

Übertragungswege Lösungen
(von Seite 3)

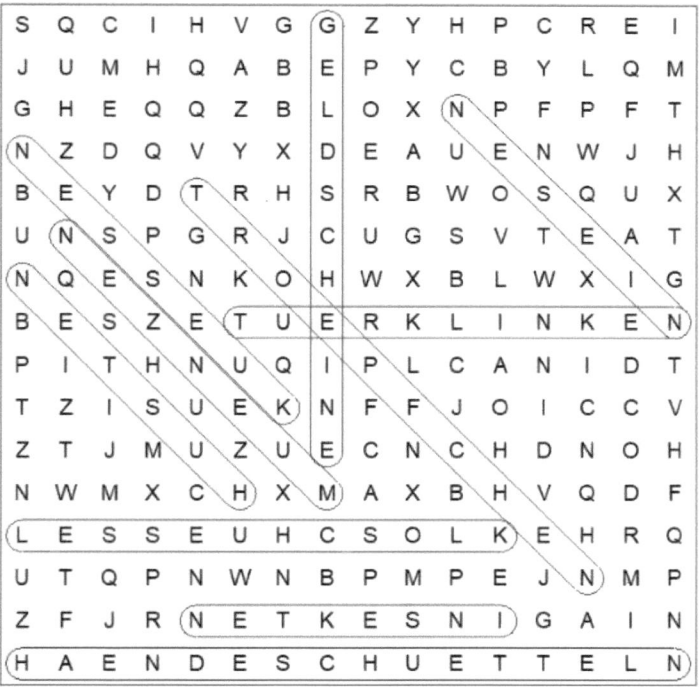

Symptome Lösungen
(von Seite 5)

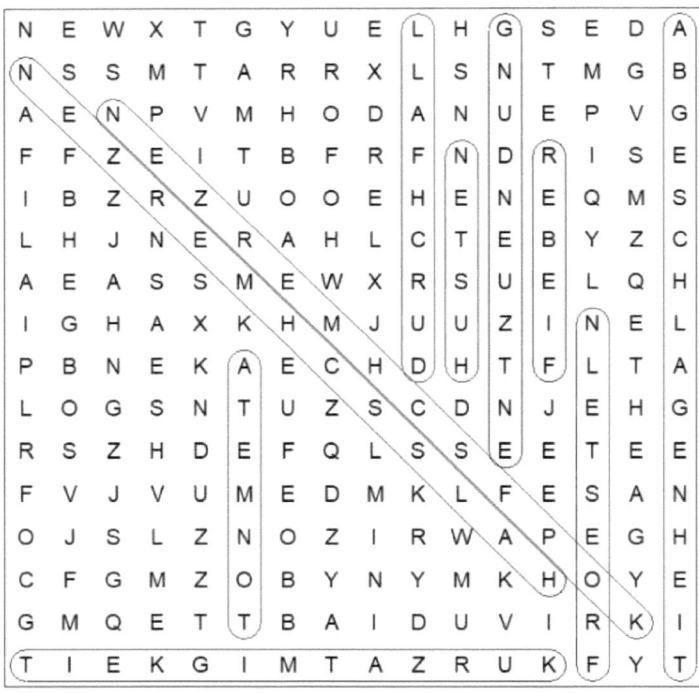

Ausbreitungsformen Lösungen
(von Seite 7)

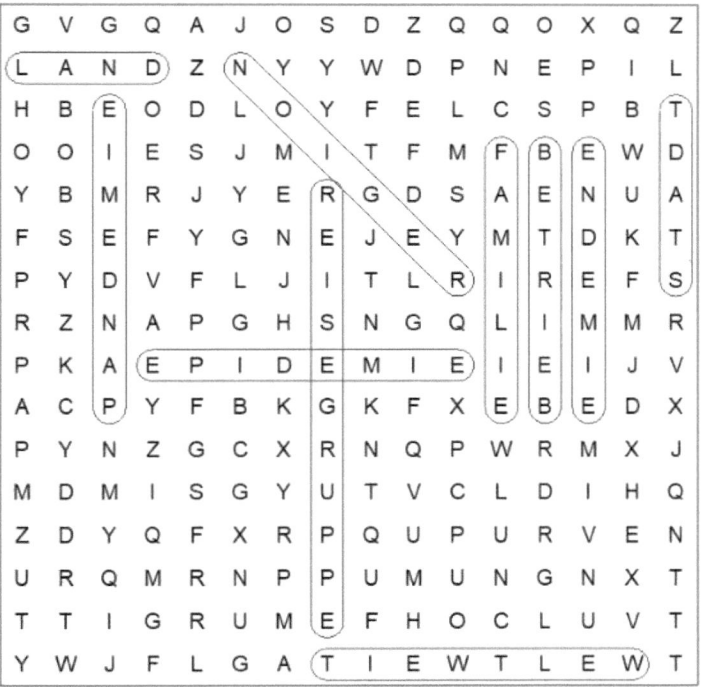

Therapie Lösungen
(von Seite 9)

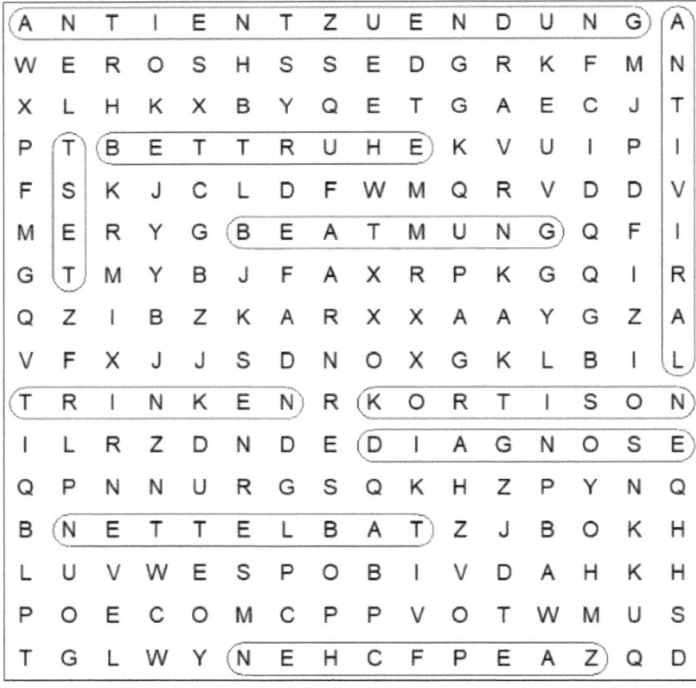

Prävention Lösungen
(von Seite 11)

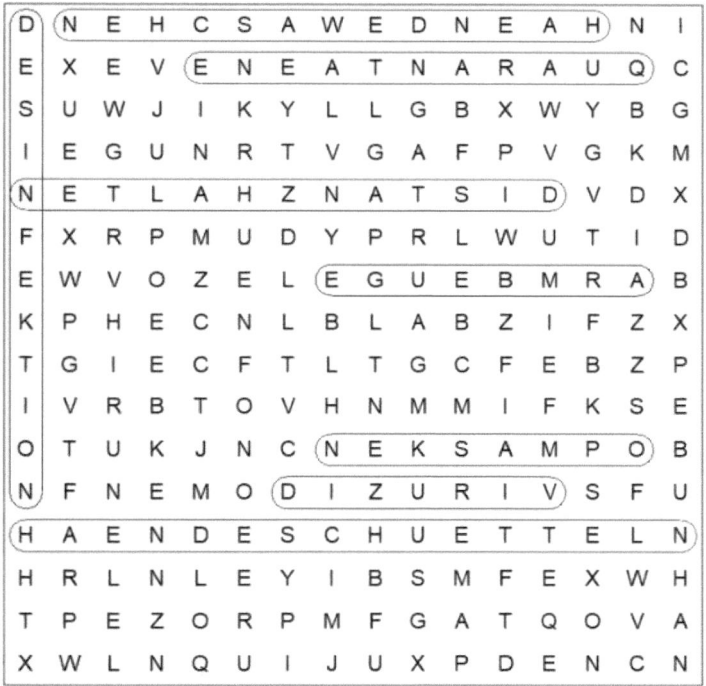

Virennamen 1 Lösungen
(von Seite 13)

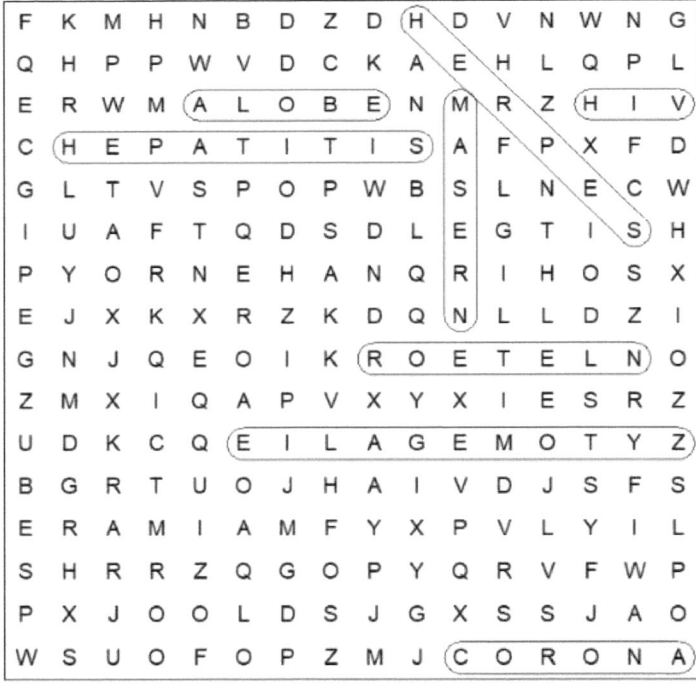

Virennamen 2 Lösungen
(von Seite 15)

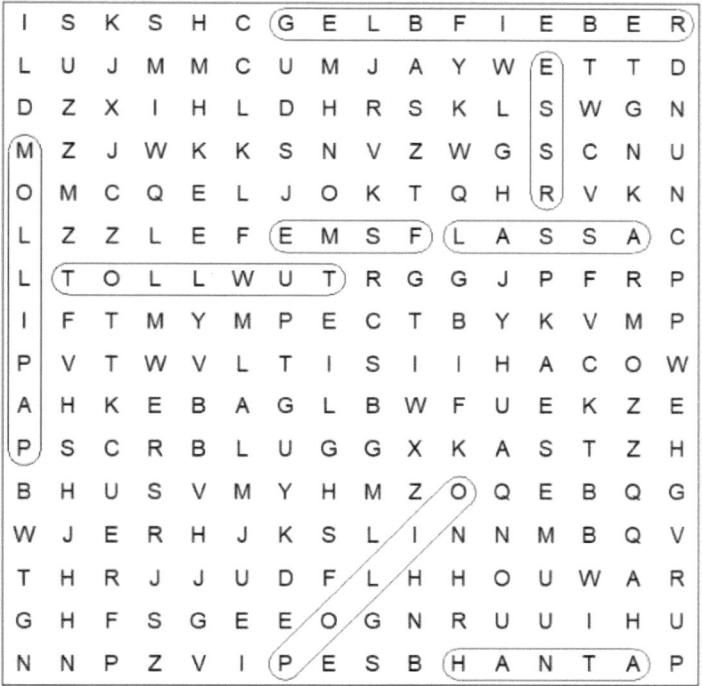

Virennamen 3 Lösungen
(von Seite 17)

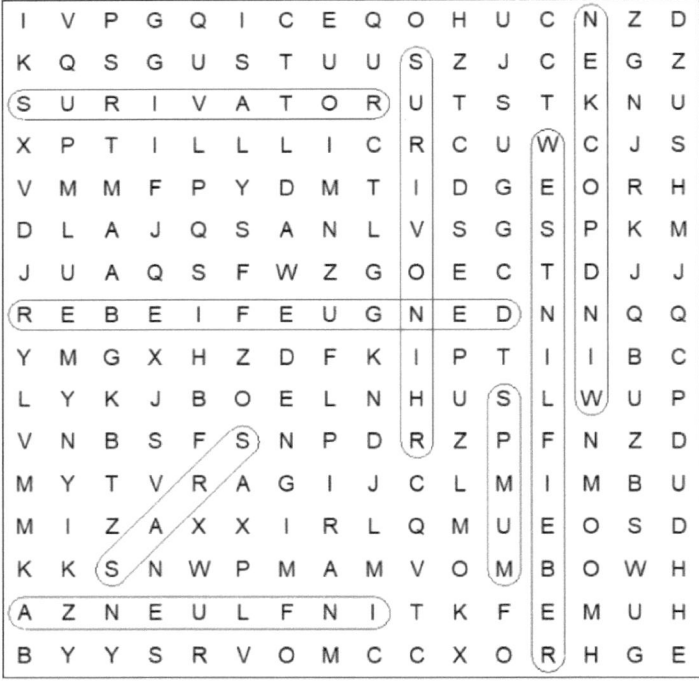

Immunsystem 1 Lösungen
(von Seite 19)

Immunsystem 2 Lösungen
(von Seite 21)

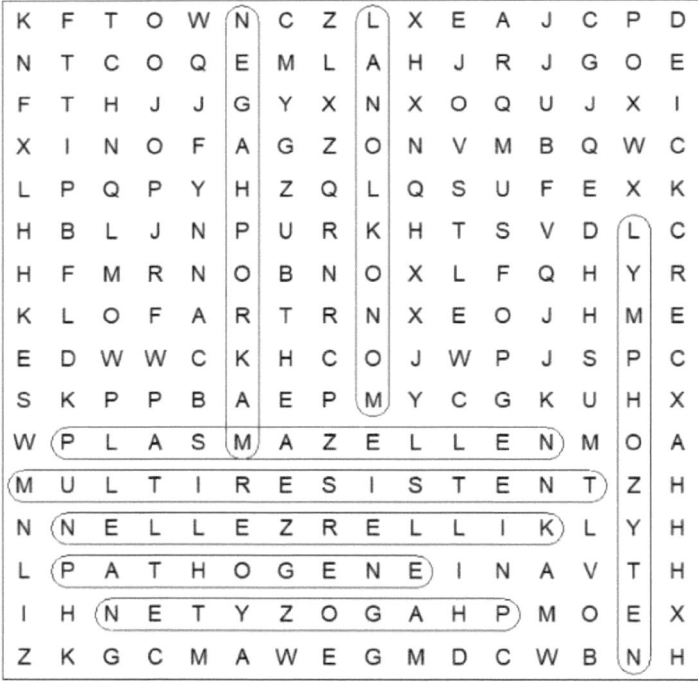

Immunsystem 3 Lösungen
(von Seite 23)

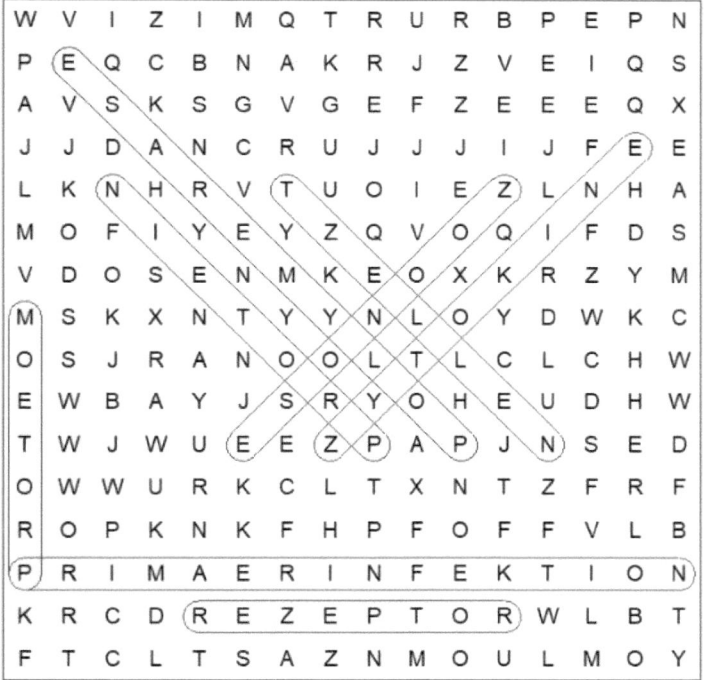

Immunsystem 4 Lösungen
(von Seite 25)

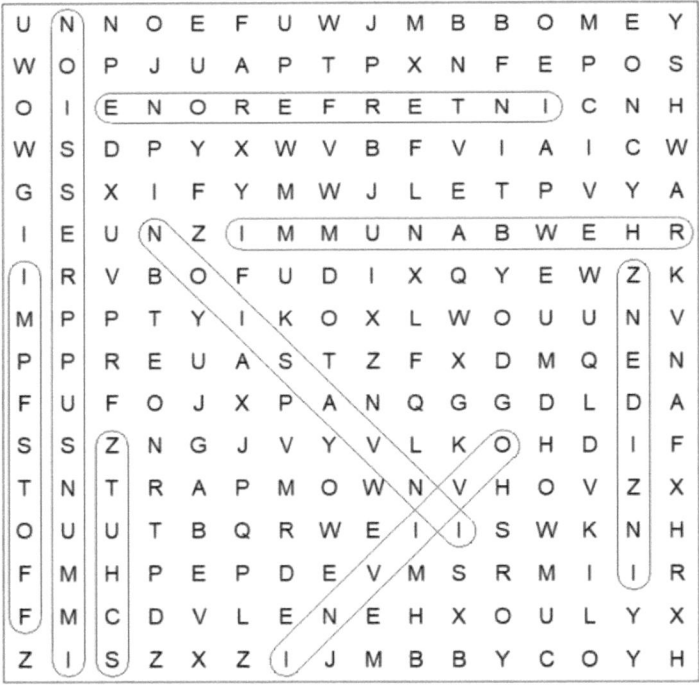

Virusaufbau Lösungen
(von Seite 27)

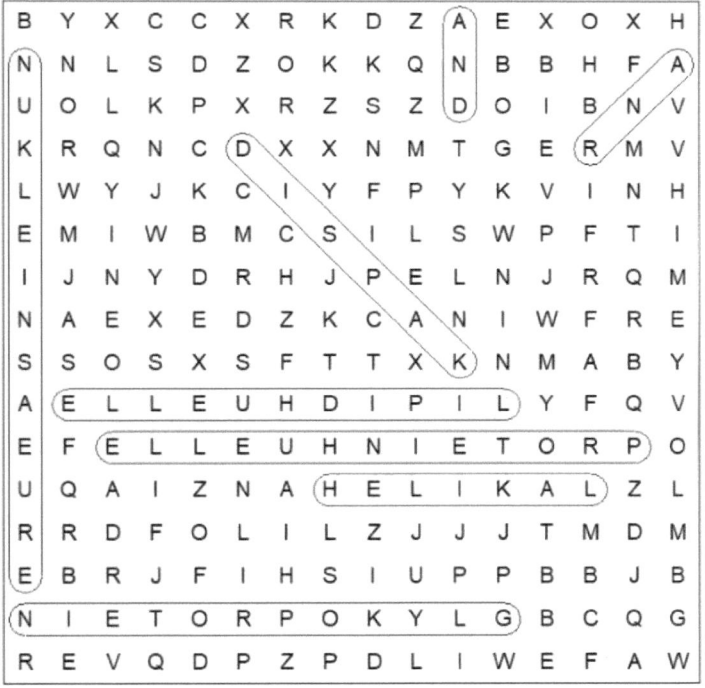

B	Y	X	C	C	X	R	K	D	Z	A	E	X	O	X	H
N	N	L	S	D	Z	O	K	K	Q	N	B	B	H	F	A
U	O	L	K	P	X	R	Z	S	Z	D	O	I	B	N	V
K	R	Q	N	C	D	X	X	N	M	T	G	E	R	M	V
L	W	Y	J	K	C	I	Y	F	P	Y	K	V	I	N	H
E	M	I	W	B	M	C	S	I	L	S	W	P	F	T	I
I	J	N	Y	D	R	H	J	P	E	L	N	J	R	Q	M
N	A	E	X	E	D	Z	K	C	A	N	I	W	F	R	E
S	S	O	S	X	S	F	T	T	X	K	N	M	A	B	Y
A	E	L	L	E	U	H	D	I	P	I	L	Y	F	Q	V
E	F	E	L	L	E	U	H	N	I	E	T	O	R	P	O
U	Q	A	I	Z	N	A	H	E	L	I	K	A	L	Z	L
R	R	D	F	O	L	I	L	Z	J	J	J	T	M	D	M
E	B	R	J	F	I	H	S	I	U	P	P	B	B	J	B
N	I	E	T	O	R	P	O	K	Y	L	G	B	C	Q	G
R	E	V	Q	D	P	Z	P	D	L	I	W	E	F	A	W

Körperabwehrareale Lösungen
(von Seite 29)

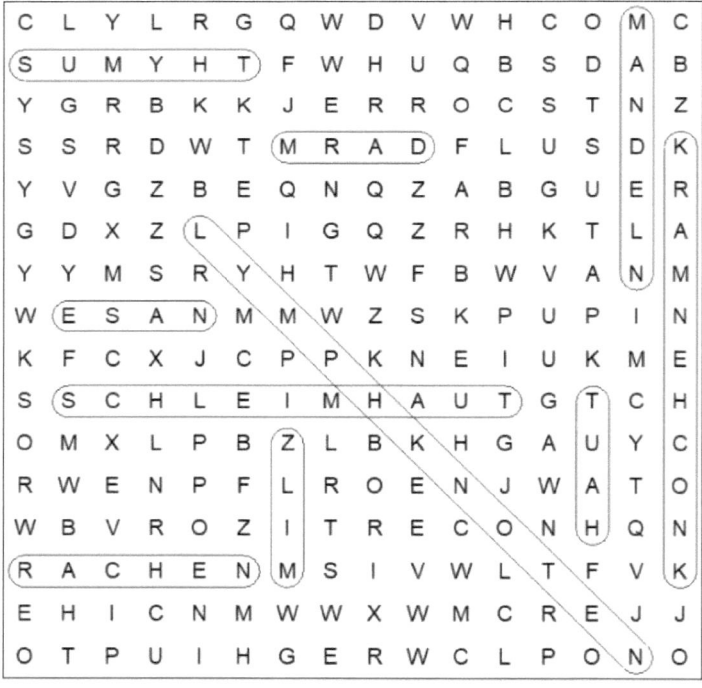

Krankenhaus Lösungen
(von Seite 31)

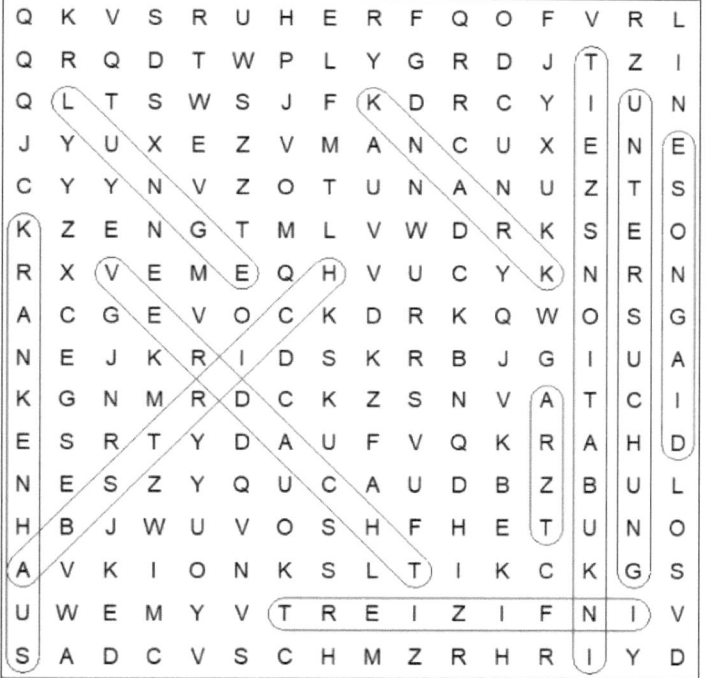

Sonstiges 1 Lösungen
(von Seite 33)

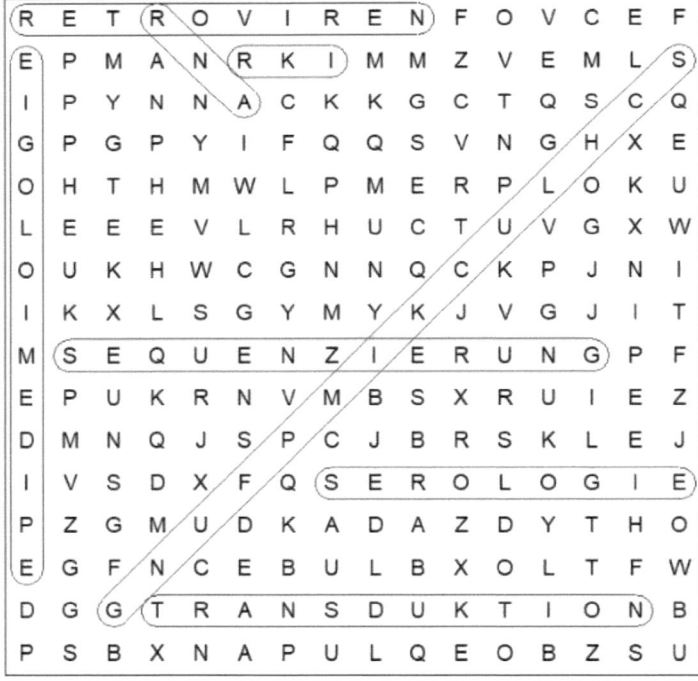

Sonstiges 2 Lösungen
(von Seite 35)

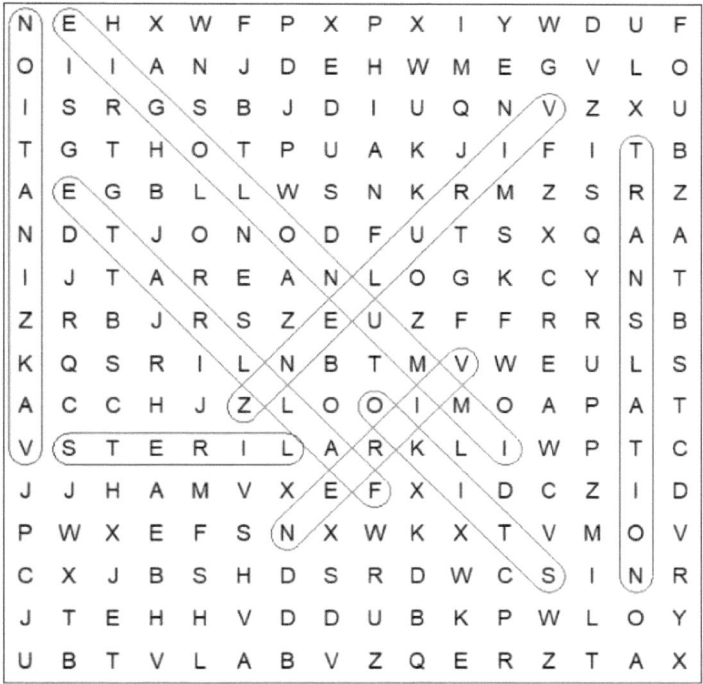

Sonstiges 3 Lösungen
(von Seite 37)

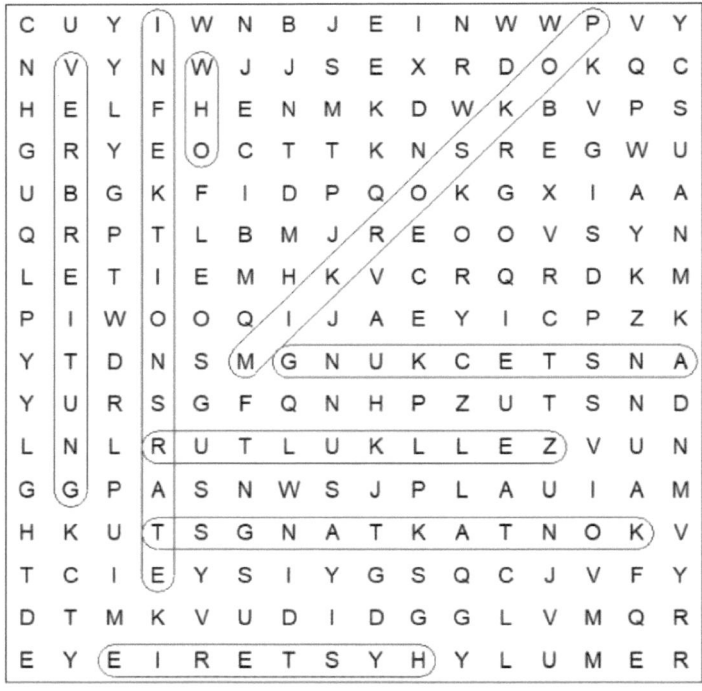

Das Corona Witzebuch von Brian Gagg:

Neuerscheinungen von Brian Gagg:

- Gruß aus der Quarantäne
  Das Corona Postkartenbuch

- Malerische Corona Perspektiven
  Das virulente Ausmalbuch

Weitere Bücher von Brian Gagg siehe Folgeseite

Fortnite Battle Royale Bücher:

Das inoffizielle Quizbuch für Battle Royale Fans
Das QUIZBUCH mit vielen spannenden Fragen zu BATTLE ROYALE ist endlich da! Wie gut kennst du das Game? Addiere deine erreichten Punkte und lies deinen Expertengrad an der Skala ab.

Das Mathe Ausmalbuch für Battle Royale Fans
Es erwarten dich 34 Ausmalbilder mit Figuren aus Battle Royale wie z.B. E.L.F oder Cuddle Team Leader.
Löse die Matheaufgaben (Einmaleins) in jedem Kästchen und nutze den Farbschlüssel um die Farbe des Quadrats zu bestimmen.

Das inoffizie Witzebuch Battle Royale Fans
Vollgepackt zahlreichen Bilde witzen, lustig Sprüchen u abgedrehten Witz rund um das Ther Battle Royale, bie dieses Buch v Stoff zum Ablache Schmunzeln u zum Weitererzähl

Wortsuchrätsel für Battle Royale Fans
Das Buch enthält viele spannende Wortsuchrätsel zu Battle Royale. Damit kannst du den Battle Royale Flair jederzeit genießen sogar wenn du nicht gerade spielst.

Das Ausmalbuch für Battle Royale Fans
Das Buch enthält 19 fantastische Kunst-werke zum Ausmalen, die u.a. actiongeladene Szenen und kampf-taktische Momente aus Sicht des Spielers zeigen.

Minecraft Bücher:

Im **AUSMALBUCH für Minecraft Fans** erwarten dich über 25 Ausmalbilder mit kindgerechten und beliebten Motiven und Figuren aus Minecraft, wie z.B. Steve oder Enderman.

Das **QUIZBUCH fü Minecraft Fans** weis viele interessante Fragen rund um da Thema Minecraft auf mit Lösungen zum Nachdenken ode einfach zum Raten!

Im **BLEISTIFTSPIELE-BUCH für Minecraft Fans** findest du mehr als 20 spannende Spiele die mit Blei- oder Buntstiften für 1 bis 2 Personen zu spielen sind.

Das **RÄTSELBUCH fü Minecraft Fan** beinhaltet logische Denkrätsel inspirier durch Minecraf sowie viele Ausmal bilder.

Im **ENGLISCH ÜBUNGSBUCH für Minecraft Fans** gibt es viele Spiele, Rätsel und Ausmalbilder welche für Kinder im 1./2. Englischlernjahr (i.d.R. 3./4. Klasse) geeignet sind.

Das **WITZEBUCH für Minecraft Fans** enthält viele Bilderwitze, lustige Sprüche, Scherz-fragen und ab-gedrehte Kurzwitze rund um das Thema Minecraft.

Das **SCHERZFRAGEN-BUCH für Minecraft Fans** enthält viele witzige Scherzfragen rund um das Thema Minecraft mit lustigen Antworten zum Schmunzeln und Ablachen!

Im **MATHE AUSMALBUCH für Minecraft Fans** erwarten dich 35 Einmaleins Ausmal bilder (für 1. und 2 Klasse) mit Figure rund um das Thema Superhelden.

Im **MATHE AUSMALBUCH für Minecraft Fans** erwarten dich 35 Einmaleins Ausmal-bilder (für 1. und 2. Klasse) mit Figuren rund um das Thema Minecraft.

Das **AKTIVITÄTSBUC für Minecraft Fans** ha viele spannend Spiele wie Labyrinthe Wortsuchspiele, Bildervergleiche, Pixe sowie Punkt-zu-Punk Ausmalbilder z bieten.